EINFACH GUT

Marlies Sauerborn (Hrsg.)

Chinesische Küche

FALKEN

KLEINE GERICHTE, VORSPEISEN UND SUPPEN

Inzwischen sind sie überall bekannt und beliebt: die chinesischen Frühlingsrollen. Sie stillen den kleinen Hunger zwischendurch, können aber auch als Vorspeise gereicht werden. Viele Kleinigkeiten dieses Kapitels stimmen Gaumen und Magen auf exotische Köstlichkeiten ein. Suppen serviert man in China meist zum Abschluß eines Essens, um auch noch das letzte kleine Loch im Magen zu füllen.

Eiernudelteig

- Zubereitungszeit: ca. 1/2 Std.
- Kühlzeit: ca. 1/2 Std.

150 g Weizenmehl
1 Prise Salz
1 kleines Ei
150 ml Wasser
1 TL Sesamöl

1. Das Weizenmehl in eine Schüssel sieben, leicht salzen und mit Ei, Wasser und Öl zu einem geschmeidigen Teig verarbeiten.

2. Auf einer bemehlten Arbeitsfläche ganz langsam (!), möglichst dünn ausrollen.

3. 1/2 Stunde kalt stellen.

Nudelteig

- Zubereitungszeit: ca. 1/4 Std.
- Kühlzeit: ca. 1 Std.

150 g Weizenmehl
1 Prise Salz
150 ml Wasser

1. Das Mehl in eine Schüssel sieben. Mit dem Salz und dem Wasser zu einem geschmeidigen Teig verarbeiten.

2. Anschließend den Teig im Kühlschrank 1 Stunde ruhen lassen. Den Teig nochmals durchkneten.

Frühlingsrollen mit Hähnchenfüllung

- Zubereitungszeit: ca. 1 Std.
- ca. 510 kcal je Portion
- Dazu paßt Tomatensalat

1 Rezept Eiernudelteig (Seite 4)

<u>Für die Füllung:</u>
3 Frühlingszwiebeln
1/2 rote Paprikaschote
1 gewürfeltes Hähnchenbrustfilet
2 EL Erdnußöl
50 g Sojabohnenkeimlinge
50 g gewürfelte Bambussprossen
3 eingeweichte und gewürfelte Wolkenohren
1–2 EL Sojasauce
1–2 EL Hoisinsauce
1/2 TL Fünf-Gewürz-Pulver
1 Prise Cayennepfeffer
Salz, frisch gemahlener Pfeffer
1 EL Petersilie
1 Eigelb

1. Den Teig vorbereiten, auf bemehlter Fläche sehr dünn ausrollen, Rechtecke ausschneiden. Die Frühlingszwiebeln in dünne Scheiben schneiden. Die Paprikaschote fein würfeln.

2. Das Erdnußöl in einer Pfanne erhitzen und das Hähnchenbrustfilet darin braten. Mehrmals wenden. Das Gemüse dazugeben und etwa 20 bis 25 Minuten mitbraten.

3. Die Sojasauce und die Hoisinsauce darunterrühren und alles mit Gewürzpulver, Cayennepfeffer, Salz und Pfeffer kräftig würzen.

4. Die Petersilie daruntermischen. Die Füllung vom Feuer nehmen, erkalten lassen.

5. Auf die Teigrechtecke verteilen und diese mit Hilfe des Eigelbs zusammenfalten.

6. Etwa 1/4 Stunde in schwimmendem Fett oder in der Pfanne ausbacken.

BRAUCHT ZEIT

PIKANT

Teigtaschen mit Fleischfüllung

- Zubereitungszeit: ca. 1 Std.
- ca. 510 kcal je Portion
- Dazu paßt ein Glas Wein

1 Rezept Nudelteig (Seite 4)

Für die Füllung:
125 g Hackfleisch
1–2 EL Sesamöl
1 Frühlingszwiebel
1 Knoblauchzehe
Salz
1 TL Sojasauce
1 Msp. Fünf-Gewürz-Pulver
2 EL feingeschnittener Schnittlauch

1. Den Nudelteig sehr dünn ausrollen, etwa 10 postkartengroße Rechtecke ausschneiden.

2. Das Hackfleisch in Sesamöl unter ständigem Wenden scharf anbraten.

3. Die Frühlingszwiebel in dünne Streifen schneiden, dazugeben und kurz mitschwitzen.

4. Die Knoblauchzehe mit Salz zerreiben, dazugeben, alles mit der Sojasauce und dem Fünf-Gewürz-Pulver abschmecken. Vom Feuer nehmen und erkalten lassen.

5. Den Schnittlauch unter die Masse arbeiten. Die Hackfleischmasse auf die Teigrechtecke verteilen. Zusammenrollen und die Enden entgegengesetzt zudrehen. In Fett ausbacken.
(auf dem Foto oben)

Frühlingsrollen mit Gemüsefüllung

- Zubereitungszeit: ca. 1 Std.
- ca. 510 kcal je Portion
- Dazu paßt Tomatensalat

1 Rezept Eiernudelteig (Seite 4)

Für die Füllung:
2 EL Sesamöl
4 Frühlingszwiebeln
50 g Bambussprossen
200 g Sojabohnenkeimlinge
150 g Karotten
2 EL Sojasauce
Salz, 1/2 TL Zucker
1 Msp. gemahlener Kümmel
1 Msp. Anis

1. Den Teig vorbereiten, größere Rechtecke ausschneiden.

2. Das Öl in einer Pfanne erhitzen.

3. Die Frühlingszwiebeln und die Bambussprossen in dünne Streifen schneiden, mit den Sojabohnenkeimlingen in der Pfanne kurz schwitzen, die Karotten fein raspeln und dazugeben.

4. Die Sojasauce unterrühren, mit den Gewürzen abschmecken. Die Masse vom Feuer nehmen und erkalten lassen.

5. Das Gemüse auf die Teigrechtecke verteilen und diese zusammenrollen. Im schwimmenden Fett etwa 1/4 Stunde langsam ausbacken.
(auf dem Foto unten)

BRAUCHT ZEIT · **KNUSPRIG**

BRAUCHT ZEIT · **KNACKIG**

Teigtaschen mit Krabbenfüllung

- Zubereitungszeit: ca. 1 Std.
- ca. 330 kcal je Portion
- Dazu paßt ein Blattsalat

1 Rezept Eiernudelteig (Seite 4)

Für die Füllung:
2 EL Erdnußöl
500 g rohe Hummerkrabben
1 EL Austernsauce
1 cl Sherry
Salz
1 Msp. Glutamat
1/2 TL Stärkemehl
4 EL kalte Hühnerbrühe
250 g Chinakohl

1. Den Eiernudelteig langsam und vorsichtig ausrollen und in Rechtecke schneiden.

2. Die Hummerkrabben auslösen, fein hacken.

3. Das Krabbenfleisch in Erdnußöl scharf anbraten. Die Austernsauce und den Sherry dazugeben, mit Salz und Glutamat abschmecken.

4. Stärkemehl mit Hühnerbrühe glattrühren und das Krabbenfleisch damit binden.

5. Den Chinakohl kleinschneiden, dazugeben, umrühren, alles vom Feuer nehmen und erkalten lassen.

6. Diese Masse auf die Teigrechtecke verteilen. So zusammenrollen, daß ein 1 cm breiter Rand übrigbleibt. Die Enden übereinanderziehen und festdrücken.

7. In der Pfanne oder in schwimmendem Fett ausbacken.

Dampfbrot mit Fleischfüllung

- Zubereitungszeit: ca. 1 Std.
- ca. 1000 kcal je Portion
- Dazu paßt ein Glas Weißwein

Für den Teig:
300 g Hefeteig (TK-Ware)

Für die Füllung:
250 g Schweinehackfleisch
1 gehackte Knoblauchzehe
½ TL geriebene Ingwerwurzel
1 EL Sesamöl
2–3 EL Sojasauce
1–2 EL Reiswein
1 EL Maisstärke
Salz, frisch gemahlener Pfeffer
1 Prise Cayennepfeffer
1 Prise Zucker

1. Den Hefeteig auftauen, mit einem Küchentuch bedeckt ½ Stunde gehen lassen.

2. Für die Füllung das Schweinehackfleisch mit der Knoblauchzehe und dem Ingwer braten. Sojasauce, Reiswein, Stärke und Gewürze dazugeben.

3. Aus dem Teig 8 Bällchen formen und je mit 1 bis 2 EL Fleischmasse füllen, im Dampfkorb 15 bis 20 Minuten über Salzwasser dämpfen.

Tip:
Sie können auch ohne Dampfkorb dämpfen: Stellen Sie eine Reisschale oder eine breite Tasse in einen mit wenig Wasser gefüllten Topf, legen Sie darauf einen Teller mit der Speise.

Gurke mit pikanter Füllung

- Zubereitungszeit: ca. 3/4 Std.
- ca. 260 kcal je Portion
- Dazu passen gebratene Nudeln

1 kleine Salatgurke
100 g Schweinehackfleisch
1 Knoblauchzehe
Salz
1 Msp. Ingwerpulver
1 EL gehackter Schnittlauch
1 kleines Ei
1 EL Stärkemehl
frisch gemahlener Pfeffer
1/2 EL mittelscharfer Senf
1/2 TL Glutamat
2 EL Erdnußöl
75 ml Geflügelbrühe
1 EL Sojasauce
1 EL Hoisinsauce
1 cl Sherry

1. Die Salatgurke in vier gleich große Stücke schneiden, entkernen.

2. Die Knoblauchzehe mit Salz zerreiben, mit dem Hackfleisch, Ingwer, Schnittlauch, Ei und Stärkemehl zu einer kompakten Masse verarbeiten. Mit Pfeffer, Senf und Glutamat würzen. Diese Masse in die Gurken füllen.

3. Das Erdnußöl in einer großen Pfanne erhitzen. Die Gurke in 1 cm dicke Scheiben schneiden, etwa 20 Minuten ausbacken, herausnehmen und warm stellen. In dem verbliebenen Bratfett Geflügelbrühe, Sojasauce, Hoisinsauce und Sherry einmal kurz aufkochen lassen; diese Sauce über die Gurkenstücke geben.
(auf dem Foto oben)

Garnelenkugeln

- Zubereitungszeit: ca. 1/2 Std.
- ca. 260 kcal je Portion
- Dazu paßt gemischter Salat

200 g Garnelenfleisch
25 g Brunnenkresse
50 g Schweinehackfleisch
1 kleines Ei
1 cl Sherry
1 EL Austernsauce
Salz
1/2 TL Zucker
1 Msp. Glutamat
2 EL Stärkemehl
Fett zum Ausbacken

1. Die Garnelen und die Kresse sehr fein hacken, in einer Schüssel zusammen mit Hackfleisch, Ei, Sherry und Austernsauce zu einer Masse verarbeiten. Mit Salz, Zucker und Glutamat abschmecken.

2. Mit Stärkemehl binden, kleine Kugeln formen und im schwimmenden Fett ausbacken.

Tip:
In der chinesischen Küche wird zum Braten hauptsächlich Öl verwendet. Erdnußöl, Sesamöl, Chiliöl oder Maiskeimöl sind die Öle, die in gutsortierten Supermärkten auch hier leicht zu bekommen sind. Für das Fritieren sollten Sie immer geschmacksneutrales hitzeverträgliches Öl verwenden.
(auf dem Foto unten)

SCHNELL · FEIN

Tofusuppe mit Kastanien

- Zubereitungszeit: ca. 1/2 Std.
- ca. 100 kcal je Portion
- Dazu paßt Dampfbrot *(Rezept Seite 9)*

125 g gewürzter Tofu
ca. 150 g Wasserkastanien aus der Dose
ca. 260 g Mischpilze aus der Dose
2 EL Olivenöl
25 g Ahornsirup
1 EL Obstessig
eine Prise Streuwürze
1 EL Sojasauce
1/2 l Wasser
1 Stange Lauch
1 EL Speisestärke

1. Tofu würfeln. Wasserkastanien und Pilze abtropfen lassen.

2. Olivenöl und Ahornsirup in einen Topf geben und unter mäßiger Hitze mit dem Schneebesen verrühren.

3. Tofu, Pilze und Kastanien in den Topf geben. Mit Essig ablöschen. Mit Streuwürze und Sojasauce abschmecken.

4. Mit Wasser auffüllen, zum Kochen bringen. Den Lauch in feine Ringe schneiden, dazugeben. Mit angerührter Speisestärke binden. Nochmals aufkochen. Abschmecken.

Tip:
Wasserkastanien sind in der chinesischen Küche sehr beliebt. Sie sind in Dosen erhältlich und werden, ähnlich wie Eßkastanien, gekocht, als Gemüse verzehrt oder zu Mehl vermahlen.

Gemüsesuppe

- Zubereitungszeit: ca. 1/2 Std.
- ca. 50 kcal je Portion
- Dazu passen Glasnudeln

1/2 l Rindfleisch- oder Hühnerbrühe
100 g gewürfelte Karotten
50 g gehackter Weißkohl
50 g gehackter Bleichsellerie
50 g Schalotten, in feinen Scheiben
Salz, frisch gemahlener Pfeffer, Zimt
1 Msp. geriebene Muskatnuß
1/2 EL helle Sojasauce

Die Brühe zum Kochen bringen, Karotten, Kohl, Sellerie und Schalotten mit den Gewürzen hinzugeben.

Bei geringer Hitze 20 Minuten kochen lassen. Mit der Sojasauce abschmecken. Wer die Suppe etwas dicker haben möchte, bindet sie mit ein wenig Stärkemehl.

Sauer-scharfe Gemüsesuppe

- Zubereitungszeit: ca. 3/4 Std.
- a. 150 kcal je Portion
- Dazu paßt Dampfbrot *(Rezept Seite 9)*

50 g gekochter Schinken
1/2 Chilischote
1 EL Sesamöl
1 kleine Zwiebel
1 kleine Karotte
1 Stück Sellerie
je 1/2 rote und grüne Paprikaschote
25 g eingeweichte chinesische Pilze
50 g Bambussprossen
1–2 EL Essig
1 EL Sojasauce
1/2 l Fleischbrühe
1 EL Stärkemehl
Salz, frisch gemahlener Pfeffer
einige Tropfen Chiliöl

1. Den Schinken in kleine Würfel schneiden. Die Chilischote halbieren, die Kerne entfernen und die Schote fein hacken und in Sesamöl anbraten. Zur Seite stellen.

2. Das Gemüse und die Pilze in kleine Würfel schneiden, mit dem Schinken in das Öl geben und glasig schwitzen. Die Bambussprossen würfeln, dazugeben und kurz mitschwitzen.

3. Essig, Sojasauce und Fleischbrühe dazugeben und alles zugedeckt 5 Minuten köcheln lassen. Stärkemehl mit etwas Wasser anrühren und damit die Suppe binden. Mit Salz, Pfeffer und Chiliöl abschmecken.
(auf dem Foto oben)

Glasnudelsuppe mit Rindfleisch

- Zubereitungszeit: ca. 3/4 Std.
- ca. 310 kcal je Portion
- Dazu paßt Krabbenbrot

100 g Rinderhackfleisch (Tatar)
1–2 EL Sesamöl
3 Frühlingszwiebeln
1/2 rote Paprikaschote
50 g eingeweichte Glasnudeln
1/2 in Sirup eingelegte Ingwernuß
1 EL Sojasauce
einige Tropfen Chiliöl
1/2 l Fleischbrühe
Salz, frisch gemahlener Pfeffer
1/2 TL Glutamat
1 EL gehackte Petersilie

1. Das Hackfleisch mit einer Gabel zerdrücken. Das Sesamöl in einem Topf erhitzen, das Hackfleisch scharf anbraten.

2. Die Frühlingszwiebeln würfeln und die Paprikaschote kleinschneiden, dazugeben und kurz mitschwitzen.

3. Den Ingwer fein würfeln, mit den Glasnudeln dazugeben. Die Sojasauce und das Chiliöl unterrühren und mit heißer Fleischbrühe auffüllen. Mit Salz, Pfeffer und Glutamat abschmecken. Mit Petersilie bestreuen.
(auf dem Foto unten)

BRAUCHT ZEIT · BESONDERS SCHARF

BRAUCHT ZEIT · PIKANT

FLEISCH UND GEFLÜGEL

In den verschiedensten Variationen werden Fleisch und Geflügel in der chinesischen Küche verarbeitet. Am beliebtesten ist Schweinefleisch, aber auch Rindfleisch, Lamm, Huhn und Ente finden Verwendung in süß-sauren oder feurig-scharfen Gerichten. Allerdings gibt es selten große Braten – das Fleisch wird mit dem sehr scharfen Küchenbeil in kleine Streifen, Scheiben oder Würfel geschnitten.

Süß-saures Schweinefleisch

- Zubereitungszeit: ca. 3/4 Std.
- ca. 570 kcal je Portion
- Dazu paßt gekochter Reis

300 g durchwachsener Schweinenacken
Salz, frisch gemahlener Szetschuanpfeffer
1 kleines Ei
1/2 EL Stärkemehl
Fett zum Ausbacken
2–3 Frühlingszwiebeln
je 1/2 rote und grüne Paprikaschote
1 EL Erdnußöl
1 Scheibe Ananas
1 EL Tomatenmark
1–2 EL Sojasauce
1–2 EL Essig
1 EL süßes Chutney
75 ml Orangensaft
1/2 EL Stärkemehl
Salz
1/2 TL Glutamat

1. Das Fleisch in etwa 2 cm große Würfel schneiden, mit Salz und Pfeffer kräftig würzen. Das verschlagene Ei unter das Fleisch mischen und mit dem Stärkemehl bestäuben. Im Kühlschrank 1 Stunde ziehen lassen.

2. Das Schweinefleisch in sehr heißem Fett ausbacken, herausnehmen.

3. Das Gemüse in Rauten schneiden, hinzufügen und etwa 3 Minuten im Erdnußöl braten, das Schweinefleisch hinzufügen.

4. Die Ananasscheibe kleinschneiden und dazugeben.

5. Tomatenmark mit Sojasauce, Essig und Chutney verrühren und in die Pfanne geben. Orangensaft mit Stärkemehl glattrühren und alles damit binden. Mit Salz und Glutamat abschmecken.

6. Wer es kräftiger will, schärft dieses Gericht mit Chiliöl.

Tip:
Oft und gerne wird in der chinesischen Küche die Kombination von süß und sauer verwendet. Die Süße wird meist durch die Früchte, wie Ananas, Orangen, Melonen, Papayas, Mangos, Lychees usw. erzeugt. Das Saure, erzielt durch Beigabe von Essig, den verschiedenen Sojaprodukten und den Saucen, bildet den kontrastreichen Gegenpart.

BRAUCHT ZEIT
SÜSS-SAUER

Lammfleisch mit Gemüse

- Zubereitungszeit: ca. 1/2 Std.
- ca. 390 kcal je Portion
- Dazu paßt chinesisch gekochter Reis *(Rezept S. 52)*

250 g Lammfilet, in Streifen
Je 1 EL Sesamöl, Honig und Essig
1 EL Sojasauce
1/2 TL Fünf-Gewürz-Pulver
1 EL Olivenöl
150 g Frühlingszwiebeln, in Stücken
125 g Sojabohnenkeimlinge
1 kleine rote Paprikaschote, in Streifen
2 Scheiben Ananas, in Würfeln
1 EL Tomatenmark
Salz, Szetschuanpfeffer, geschrotet

1. Das Fleisch mit Sesamöl, Honig, Essig, Sojasauce und Gewürzpulver mischen und 2 Stunden marinieren.

2. Im Wok das Fleisch in Olivenöl braten, warm stellen. Gemüse und Ananaswürfel braten. Fleisch und Tomatenmark unterrühren, mit Salz und Pfeffer abschmecken.

Gebackene Schweinefiletspießchen

- Zubereitungszeit: ca. 3/4 Std.
- ca. 450 kcal je Portion
- Dazu paßt Tomatensalat

250 g Schweinefilet, in dünnen Scheiben
75 g gekochter Schinken, in Streifen
3 Wasserkastanien, in dünnen Scheiben
je 1 EL Sojasauce und Essig
je 1 TL brauner Zucker und Austernsauce
einige Tropfen Chiliöl

Teig:
1 1/2 EL Speisestärke
1 1/2 EL Sherry, 1 Ei
Fett zum Braten

1. Schweinefilet, Schinken und Wasserkastanien abwechselnd auf kleine Spießchen stecken. In der Marinade aus Sojasauce, Essig, Zucker, Austernsauce und Chiliöl 3 Stunden im Kühlschrank durchziehen lassen.

2. Aus Speisestärke, Sherry und Ei einen glatten Teig rühren. Die Spießchen durch den Teig ziehen und im Fett ausbacken.

Gerührtes Schweinefleisch mit Bohnen

- Zubereitungszeit: ca. 1/2 Std.
- ca. 530 kcal je Portion
- Dazu paßt chinesisch gekochter Reis *(Rezept S. 52)*

300 g Schweinefleisch
200 g grüne Bohnen
1 Knoblauchzehe
2 EL Öl, 1 TL Sojasauce
je 1 Prise Salz, Zucker, frisch gemahlener Pfeffer
75 ml Fleischbrühe
1/2 EL Maisstärke

1. Das Schweinefleisch in Streifen schneiden, die Bohnen kleinschneiden.

2. Den Knoblauch zerdrücken, in Öl anbräunen und die Schweinefleischstreifen 3 Minuten darin wenden. Gemüse und Gewürze dazugeben und alles nochmals 5 Minuten gut rühren.

3. Die Brühe dazugießen, aufkochen lassen, 4 Minuten ziehen lassen. Die Maisstärke mit kaltem Wasser verrühren und damit die Sauce binden.

Schweinefleisch mit Glasnudeln

- Zubereitungszeit: ca. 1 Std.
- ca. 660 kcal je Portion
- Dazu paßt Krabbenbrot

50 g Glasnudeln
ca. 300 ml Wasser
4 EL kleingeschnittene rote Pfefferschoten
4 EL kleingeschnittene grüne Bohnen
250 g geschnetzeltes Schweinefleisch
2 EL Erdnüsse
4 EL zerkleinerter Weißkohl
2 EL chinesische Morcheln
Salz, frisch gemahlener Pfeffer
Sojasauce

Die Glasnudeln 20 Minuten im Wasser einweichen. Zum Kochen bringen und alle übrigen Zutaten dazugeben. Bei geringer Hitze 40 Minuten dünsten.

Tip:
Falls Sie das Schweinefleisch knuspriger haben wollen, in einer Pfanne mit 1 Eßlöffel Sojaöl etwa 1/4 Stunde braten und erst die letzten 6 Minuten mitdünsten.

Rindfleisch in Austernsauce

- Zubereitungszeit: ca. 1 1/4 Std.
- ca. 710 kcal je Portion
- Dazu paßt Toast mit Butter

500 g Tafelspitz
2 1/2 kleine Lauchstangen
20 g zerhackter, frischer Ingwer
10 g Sternanis und Szetschuanpfefferkörner

Für die Sauce:
120 ml Austernsauce
5 EL Zucker
2 gehackte Knoblauchzehen
20 g frischer Ingwer
5 EL Chiliöl
1 Prise Glutamat
1/2 TL frisch gemahlener Szetschuanpfeffer
3 EL Sesamöl, 5 EL Reiswein
2 EL Essig (5%)
1 Zwiebel

1. Das Rindfleisch mit den Lauchstangen, dem Ingwer, dem Sternanis und dem Szetschuanpfeffer in einen Topf geben. Wasser dazugeben, bis alles bedeckt ist, und 1 Stunde kochen lassen, das Fleisch herausnehmen.

2. Den Ingwer mit dem Küchenbeil zerschlagen. Austernsauce, Zucker, Knoblauch und Ingwer, Chiliöl, Glutamat, Szetschuanpfeffer, Sesamöl, Reiswein, Essig und 5 Eßlöffel Wasser in eine Schüssel geben. Den Lauch sehr dünn schneiden, die Zwiebel fein hacken und andünsten, alles dazugeben und vermischen.

3. Das noch heiße Rindfleisch in hauchdünne Scheiben schneiden, die Sauce darübergießen und erkalten lassen.
(auf dem Foto oben)

Schweinefilet mit Gemüse

- Zubereitungszeit: ca. 3/4 Std.
- ca. 610 kcal je Portion
- Dazu passen chinesische Eiernudeln

je 150 g Schweinefilet und Rinderfilet, in Streifen

Für die Marinade:
je 2 EL Sojasauce, Reiswein und Erdnußöl, 1 EL brauner Zucker
1/2 TL Fünf-Gewürz-Pulver
1 EL Stärkemehl

Für das Gemüse:
6 Frühlingszwiebeln
je 1 rote und grüne Paprikaschote
100 g Bambussprossen
100 g Sojabohnenkeimlinge
je 1 EL Tomatenmark und Sojasauce
150 ml Geflügelbrühe
1 EL Maisstärke
Salz, frisch gemahlener Pfeffer
Fett oder Öl zum Braten
2 EL gehackter Schnittlauch

1. Die Zutaten für die Marinade miteinander verrühren, über das Fleisch geben und mindestens 1 Stunde ziehen lassen.

2. In der Zwischenzeit das Gemüse in dünne Streifen schneiden, das abgetropfte Fleisch im Fett unter ständigem Rühren 2 Minuten scharf braten und warm stellen. Das Gemüse ins verbliebene Bratfett geben und 3 Minuten braten.

3. Das Tomatenmark und die Sojasauce unterrühren. Die Geflügelbrühe mit dem Stärkemehl verrühren und damit das Gemüse binden.

4. Das Fleisch dazugeben, nochmals kurz erhitzen, mit dem Schnittlauch bestreuen.
(auf dem Foto unten)

BRAUCHT ZEIT · PIKANT

Schweinefleischpfanne

- Zubereitungszeit: ca. 1 Std.
- ca. 440 kcal je Portion
- Dazu paßt Dampfbrot *(Rezept S. 52)*

300 g Schweinefleisch, in Streifen
Salz, Curry, Paprikapulver
1 Msp. Ingwer
1 Msp. gemahlener Kümmel
1 kleines Ei
1/2 EL Stärkemehl
2 EL Erdnußöl
2–3 Frühlingszwiebeln
50 g Staudensellerie
4 Radieschen
2 EL Sojasauce
1/2 EL Tomatenmark
2 cl Sherry
1 Msp. Glutamat

1. Die Filetstreifen mit Salz, Curry, Paprika, Ingwer und gemahlenem Kümmel gut einreiben.

2. Das Eiweiß verschlagen, über das Fleisch geben und mit dem Stärkemehl bestäuben.

3. Das Fleisch in heißem Erdnußöl rundherum anbraten.

4. Das Gemüse in dünne Stifte schneiden. Zum Fleisch geben und 5 Minuten mitbraten.

5. Sojasauce mit Tomatenmark und Sherry verrühren, unter das Fleisch rühren. Mit Glutamat abschmecken und sofort servieren.

Scharfe Filetstreifen

- Zubereitungszeit: ca. 3/4 Std.
- ca. 480 kcal je Portion
- Dazu paßt gekochter Reis

300 g Schweinefilet, in Streifen
1 EL Sojasauce
1 EL Hoisinsauce
1/2 TL Fünf-Gewürz-Pulver
1/2 EL schwarzer Pfeffer, geschrotet
1/2 EL brauner Zucker
4 EL Sesamöl
3–4 Frühlingszwiebeln, in Stücken
je 1/2 rote und grüne Paprikaschote, in Streifen
315 ml Sojabohnenkeimlinge aus der Dose
1 Scheibe Ananas, gewürfelt
6 EL Tomatenketchup
1/2 Tasse Geflügelbrühe
Salz, frisch gemahlener Szetschuanpfeffer
1 Prise Glutamat

1. Das Fleisch mit den Saucen, den Gewürzen und dem Zucker 1/2 Stunde marinieren. Im Wok in Öl scharf anbraten, herausnehmen und warm stellen.

2. Das Gemüse mitbraten. Ananas, Ketchup und Brühe dazugeben und aufkochen lassen.

3. Das Fleisch dazugeben und das Ganze kräftig abschmecken.

Schweinefilet mit Sellerie

- Zubereitungszeit: ca. 1/2 Std.
- ca. 390 kcal je Portion
- Dazu paßt chinesisch gekochter Reis *(Rezept S. 52)*

250 g Schweinefilet, in dünnen Scheiben
3 EL Sojasauce
2 EL Sherry
1/2 EL Speisestärke
1/2 kleine Sellerieknolle
3 EL Öl
1/8 l Wasser
Salz

1. Das Filet in einer Marinade aus 2 EL Sojasauce, 1 EL Sherry und Speisestärke wenden.

2. Den Sellerie in dünne Scheiben schneiden. 2 EL Öl im Wok erhitzen, den Sellerie etwa 2 Minuten darin bißfest braten. Herausnehmen und warm stellen.

3. Das restliche Öl erhitzen und das Fleisch etwa 2 Minuten darin anbraten, herausnehmen und ebenfalls warm stellen.

4. 2 EL Sojasauce mit 1 EL Sherry, 1/8 l Wasser und etwas Salz in den Wok geben und verrühren. Das Fleisch und den Sellerie hinzufügen und 5 Minutcn garen.

Tip:
Mit eines der wichtigsten Dinge ist es, das Fleisch richtig zu schneiden. Ob Würfel, Stäbchen, Streifen oder hauchdünne Scheiben, das Schneiden geht wesentlich leichter, wenn das Fleisch leicht angefroren ist.
(auf dem Foto oben)

Reisnudelpfanne mit Rindfleisch

- Zubereitungszeit: ca. 3/4 Std.
- ca. 450 kcal je Portion
- Dazu paßt ein Glas Gemüsesaft

20 g Frühlingszwiebeln
100 g chinesische Reisnudeln
100 g Rinderfilet, in Streifen

Für die Marinade:
Salz, Zucker
frisch gemahlener Pfeffer
1 TL Stärkemehl
3 EL Öl, 4 EL Wasser
100 g Sojabohnenkeimlinge
100 ml Öl zum Braten
Salz, frisch gemahlener Pfeffer
1 El Zucker, 1–2 EL Sojasauce
1/2 TL Worcestersauce
1 Prise Glutamat, 1 TL Sesamöl

1. Die Frühlingszwiebeln in kleine Stücke schneiden. Die Reisnudeln in heißem Wasser etwa 1/4 Stunde einweichen und etwa 5 Minuten in kaltes Wasser legen, auf Küchenkrepp grob abtrocknen lassen.

2. Das Rinderfilet mit Salz, Zucker, Pfeffer, Stärkemehl, Öl und 4 Eßlöffeln Wasser gut verrühren und 10 Minuten marinieren. Die Sojabohnenkeimlinge abspülen, abtropfen lassen.

3. In wenig heißem Öl das Fleisch kurz braten. Herausnehmen und beiseite stellen. Den Wok mit Öl ausschwenken. 2 Eßlöffel Öl erhitzen.

4. Die Reisnudeln bei großer Flamme hinzugeben. 2 Minuten braten. Das Rindfleisch und die Sojabohnenkeimlinge dazugeben, mit den Gewürzen vermischen, nochmals kurz braten, mit Frühlingszwiebeln bestreuen und mit Sesamöl verfeinern.
(auf dem Foto unten)

SCHNELL · WÜRZIG

BRAUCHT ZEIT · FEIN-WÜRZIG

Hähnchen in Erdnuß-Sauce

- Zubereitungszeit: ca. 1 Std.
- ca. 410 kcal je Portion
- Dazu paßt Curry-Reis

2 Hähnchenbrustfilets, in Würfeln
Salz, frisch gemahlener Szetschuanpfeffer
1/2 TL Fünf-Gewürz-Pulver
4 EL Sesamöl
1/2 gewürfelte Zwiebel
1 gewürfelte Karotte
1 Stück gewürfelter Stangensellerie
225 ml Geflügelbrühe
1/2 EL Tomatenmark
150 ml Erdnußpüree
1 EL Sojasauce
1/2 TL Speisestärke
1 Prise Glutamat
einige Tropfen Essig
1 Prise brauner Zucker
2 EL gehackter Schnittlauch

1. Den Szetschuanpfeffer in Öl anbraten, die Körner herausnehmen, die Hähnchenbrustfilets kräftig würzen, darin unter Rühren braten, herausnehmen und warm stellen.

2. Das Gemüse ins Fett geben und gar braten. Die Geflügelbrühe mit Tomatenmark, Erdnußpüree, Sojasauce und Speisestärke verrühren, zum Gemüse geben und aufkochen.

3. Die Hähnchenbrustfilets dazugeben, abschmecken und mit Schnittlauch bestreuen.
(auf dem Foto: oben)

Ente süß-sauer

- Zubereitungszeit: ca. 1 1/4 Std.
- ca. 980 kcal je Portion
- Dazu paßt chinesisch gekochter Reis *(Rezept S. 52)*

500 g Entenbrust

<u>Für den Sud:</u>
2 gehackte Knoblauchzehen
1 Bund Suppengemüse
je 1 TL Koriander, Piment, Wacholderbeeren
Pfefferkörner, 75 ml Essig
4 EL Sesamöl
1 EL Speisestärke
3–4 Frühlingszwiebeln, in Scheiben
1 Karotte, in Scheiben
1/2 gewürfelte Mango
3 EL halbierte Lychees
1/2 EL Tomatenmark, 1/2 EL Honig
1 Prise Glutamat
Salz, frisch gemahlener Szetschuanpfeffer

1. Die Entenbrust in 3 cm große Stücke schneiden. Die Zutaten für den Sud mit 3/4 l Salzwasser im Wok zum Kochen bringen, die Entenbrust darin in 20 Minuten weich kochen. Kochsud aufheben.

2. Anschließend herausnehmen, Sesamöl im Wok erhitzen. Die gut abgetropften Ententeile mit Stärke bestäuben und 3 Minuten braten.

3. Das Gemüse dazugeben und gar braten. Die Mangos und die Lychees mit 300 ml Kochsud hinzufügen, einmal aufkochen lassen und abschmecken.
(auf dem Foto: unten)

BRAUCHT ZEIT · NUSSIG

BRAUCHT ZEIT · SÜSS-SAUER

Putengeschnetzeltes mit Nudeln

- Zubereitungszeit: ca. 1 Std.
- ca. 870 kcal je Portion
- Dazu paßt ein Glas Gemüsesaft

50 g Karotten
150 g Putenschnitzel
30 g gekochter Schinken
100 g chinesische Eiernudeln
4 TL Öl, 2 Eier
50 g Sojabohnenkeimlinge
Öl zum Ausschwenken und Braten
40 g gekochte, geschälte Krabben
2 EL Zucker, 1/2 TL frisch gemahlener Pfeffer
2 TL Salz, 2 EL Sojasauce
1 Prise Glutamat, 30 g Erbsen (TK-Ware)

Für die Marinade:
Salz, frisch gemahlener Pfeffer
Zucker, 2 TL Stärkemehl, 2 EL Öl
2 EL Sojasauce, 2 EL Wasser

1. Die Karotten, das Putenschnitzel sowie den Schinken in Streifen schneiden. Aus den Zutaten eine Marinade herstellen, das Fleisch darin 10 Minuten durchziehen lassen.

2. Die Nudeln in reichlich Salzwasser bißfest garen, mit kaltem Wasser abschrecken, abtropfen lassen und mit 4 Teelöffeln Öl mischen. Die Eier verquirlen. Die Sojabohnenkeimlinge abspülen und abtropfen lassen.

3. Den Wok erhitzen, zweimal mit Öl ausschwenken. Fleisch, Schinken, Krabben und Karotten in wenig Öl kurz unter Wenden braten. Herausnehmen und beiseite stellen.

4. Den Wok erneut erhitzen und zweimal mit Öl ausschwenken, die Eier in 2 Eßlöffel Öl stocken lassen, die Nudeln dazugeben und anbraten. Das Putenfleisch, die Krabben, den Schinken und die Karotten zu den Nudeln geben, mischen und das Ganze mit Zucker, Pfeffer, Salz, Sojasauce und Glutamat würzen. Die Erbsen und die Sojabohnenkeimlinge hinzufügen, noch einmal gut braten.

Chinakohlrouladen mit Hähnchenfüllung

- Zubereitungszeit: ca. 1 1/4 Std.
- ca. 300 kcal je Portion
- Dazu passen Bratkartoffeln

Blätter eines kleinen Chinakohls

Für die Füllung:
1 Hähnchenbrust
1 EL Sesamöl, 1 Knoblauchzehe
1 Msp. frisch geriebene Ingwernuß
50 g Sojabohnenkeimlinge
50 g grüne Erbsen (TK-Ware)
25 g eingeweichte chinesische Pilze
2 EL gehackte Walnüsse, 1 EL Sojasauce
1 EL Austernsauce, 1/2 TL Glutamat
Salz, frisch gemahlener Pfeffer
Öl zum Ausbacken

1. Die Chinakohlblätter in Salzwasser kurz blanchieren, auf einer Arbeitsfläche ausbreiten.

2. Die Hähnchenbrüste sehr klein würfeln. Das Öl erhitzen, die Knoblauchzehe fein hacken und mit dem Ingwer kurz anbraten. Das Hähnchenfleisch dazugeben und bräunen.

3. Keimlinge, Erbsen, Pilze und Walnüsse zum Fleisch geben und mitschwitzen. Mit den Gewürzen abschmecken. Abkühlen lassen.

4. Je drei Chinakohlblätter übereinanderlegen, mit Füllung bedecken, aufrollen und zubinden.

5. Öl in einer Pfanne erhitzen, die Chinakohlrouladen langsam darin rundherum bräunen.

BRAUCHT ZEIT · PIKANT

FISCH UND MEERES-FRÜCHTE

Chinesische Küche ohne Fische und Krustentiere ist unvorstellbar. Möglichst frisch sollen sie sein, damit sich beim kurzen Garen ihr Geschmack richtig entfaltet. In Verbindung mit zartem Gemüse, scharfen Gewürzen und Saucen werden sie so zum Hochgenuß.

Krabbenpfanne mit Nüssen

- Zubereitungszeit: ca. 1/2 Std.
- ca. 900 kcal je Portion
- Dazu paßt Kräuterreis

400 g große Krabben

Für die Marinade:
2 EL Sojasauce
2 EL Austernsauce
3 EL Reiswein
Saft von 1/2 Zitrone
50 g Bambussprossen
50 g Frühlingszwiebeln
Öl zum Ausschwenken und Braten
2 Knoblauchzehen
1/2 TL frisch gemahlener Pfeffer
1 Prise Glutamat

1 TL Salz
2 EL Reiswein
150 ml Hühnerbrühe
4 TL Kartoffelstärke, mit 6 EL Wasser verrührt
3 TL Sesamöl
150 g geröstete und gesalzene Cashewnüsse

1. Die Krabben schälen, waschen. Die Marinade herstellen, die Krabben darin 20 Minuten ziehen lassen.

2. Die Bambussprossen in Scheiben, die Frühlingszwiebeln in 4 Zentimeter lange Stücke schneiden.

3. Den Wok erhitzen, mit Öl zweimal ausschwenken. Die Garnelen in wenig Öl kurz braten, herausnehmen. Das Gemüse kurz braten, herausnehmen. Den Wok erneut erhitzen, zweimal mit Öl ausschwenken. 8 Eßlöffel Öl heiß werden lassen, den Knoblauch 20 Sekunden braten, die Frühlingszwiebeln und die Bambussprossen hinzugeben, 1 Minute mitbraten. Die Garnelen hinzufügen und mit Zucker, Pfeffer, Glutamat, Salz und Reiswein abschmecken.

4. Die Brühe hinzugießen und aufkochen lassen. Die Stärke hineinrühren, kurz aufkochen lassen, mit dem Öl abschmecken, mit den Cashewnüssen bestreuen.

SCHNELL
FEIN-WÜRZIG

Krabben mit Frühlingszwiebeln

- Zubereitungszeit: ca. 1/2 Std.
- ca. 250 kcal je Portion
- Dazu paßt Baguette

3–4 Frühlingszwiebeln
1 EL Öl
1 Scheibe Ingwer
350 g ausgelöste Krabben
1 EL Weißwein
2 EL Ketchup
1/2 TL Zucker
1/2 TL Sojasauce
1 TL Speisestärke, mit Wasser angerührt
Salz, frisch gemahlener Pfeffer
1 Tomate in Scheiben

1. Die Frühlingszwiebeln fein schneiden. Das Öl im Wok erhitzen und die Ingwerscheiben und die Frühlingszwiebeln darin dünsten.

2. Die ausgelösten Krabben mit 1 Eßlöffel Weißwein dazugeben und alles etwa 2 Minuten dünsten lassen.

3. Das Tomatenketchup mit dem Zucker, 1/2 Eßlöffel Weißwein und der Sojasauce verrühren und über die Krabben geben. Eventuell noch etwas Wasser hinzufügen. Alles etwa 5 Minuten kochen lassen.

4. Die Speisestärke in die Sauce geben, aufkochen lassen. Mit Salz und Pfeffer abschmecken. Auf dünnen Tomatenscheiben anrichten.

Gemischte Muscheln im Gemüsesud

Zubereitungszeit: ca. 3/4 Std.

ca. 250 kcal je Portion

Dazu paßt chinesisch gekochter Reis *(Rezept S. 52)*

je 200 g frische Mies- und Venusmuscheln (oder TK-Ware)
1 Knoblauchzehe
1/2 TL frisch geriebener Ingwer
1/2 TL geriebene Orangenschale
2 EL Sesamöl
6 Frühlingszwiebeln
50 g Bambussprossen
1 Karotte
50 g Sojabohnenkeimlinge
2 EL Sojasauce
1/2 EL Pflaumensauce
150 ml Geflügelbrühe
1 EL Stärkemehl
Glutamat, einige Tropfen Chiliöl
Salz, gemahlener Szetschuanpfeffer

1. Die Muscheln unter fließendem Wasser abwaschen.

2. Die Knoblauchzehen fein hacken, mit dem Ingwer und der Orangenschale in Sesamöl kurz anschwitzen. Die Muscheln dazugeben und so lange garen, bis sich alle geöffnet haben. Geschlossene aussortieren.

3. Die Frühlingszwiebeln, die Bambussprossen und die Karotte in Streifen schneiden, mit den Sojabohnenkeimlingen dazugeben und kurz mitschwitzen.

4. Mit der Sojasauce, der Pflaumensauce und der Brühe auffüllen. Mit Stärkemehl binden. Mit Glutamat, Chiliöl, Salz und Pfeffer abschmecken.

Gebratener Tintenfisch mit Gemüse

- Zubereitungszeit: ca. 3/4 Std.
- ca. 420 kcal je Portion
- Dazu paßt Mandelreis *(Rezept S. 55)*

300 g Tintenfisch (TK-Produkt)
50 g mageres Schweinefleisch
Salz
1 TL Sojasauce
3 TL Reiswein
3 TL Stärkemehl
50 g kleine Krabben
16 abgezogene Zuckerschoten
5 EL Öl
50 g in Streifen geschnittene Karotten
50 g Bambussprossen, in Streifen geschnitten
1 grüne Zwiebel, dünn geschnitten
2 EL Sojasauce
1 EL Reiswein
Zucker, Salz, frisch gemahlener Pfeffer
Glutamat

1. Den Tintenfisch in 4–5 cm lange Stücke schneiden. Das Schweinefleisch mit der Marinade aus 1 TL Salz, Sojasauce, Reiswein und Stärkemehl betropfen. Danach die Krabben mit einer Mischung aus 2 TL Reiswein und Stärkemehl bedecken.

2. Zuckerschoten in 3 EL Öl anbraten. Danach Schweinefleisch, Krabben, Karotten und Bambussprossen braten, das übrige Fett abgießen. Die Zwiebel in 2 EL Öl anbraten. Die Zuckerschoten beiseite stellen, das andere Gemüse zu den Zwiebeln geben und kurz wenden.

3. Den Tintenfisch, das Schweinefleisch und die Krabben dazugeben und mit einer Mischung aus 2 Eßlöffeln Sojasauce, 1 Eßlöffel Reiswein und den Gewürzen übergießen. Kurz durchziehen lassen.
(auf dem Foto oben)

Ausgebackener Fisch süß-sauer

- Zubereitungszeit: ca. 1 Std.
- ca. 430 kcal je Portion
- Dazu paßt chinesisch gekochter Reis *(Rezept S. 52)*

400 g Kabeljaufilets, Salz

<u>Für die Marinade:</u>
1/2 Tasse Weißwein
1 EL Sojasauce, 2 EL Essig
2 EL Hoisinsauce
1 EL brauner Zucker
1 Msp. Ingwerpulver

<u>Für die Sauce:</u>
1 EL Erdnußöl
3–4 Frühlingszwiebeln
150 g Mandarinen aus der Dose
50 g Ananaswürfel
150 ml Geflügelbrühe
1 EL Stärkemehl, 1/2 EL Glutamat
Salz, frisch gemahlener Pfeffer
1 kleines Ei, 1 EL Stärkemehl
Öl zum Ausbacken

1. Die Kabeljaufilets in Stücke schneiden, salzen. Die Marinade herstellen, die Fischstücke 1/2 Stunde darin ziehen lassen.

2. In der Zwischenzeit das Erdnußöl in einer Pfanne erhitzen, die Frühlingszwiebeln zerkleinern, darin kurz anschwitzen. Die Mandarinen und die Ananaswürfel dazugeben und kurz mitschwitzen. Mit der Brühe auffüllen und mit dem Stärkemehl binden. Mit dem Glutamat, der Marinade, Salz und Pfeffer abschmecken.

3. Das Ei verschlagen und die Fischstücke darin wenden, dann mit dem Stärkemehl bestäuben. In heißem Öl ausbacken, mit der Sauce überziehen.
(auf dem Foto unten)

Geschmorter Lachs

- Zubereitungszeit: ca. 1 Std.
- ca. 860 kcal je Portion
- Dazu paßt chinesisch gekochter Reis *(Rezept S. 52)*

500 g Lachsfilet
Öl zum Ausschwenken und Braten
150 g Frühlingszwiebeln
2 gehackte Knoblauchzehen
3 EL Reiswein
2 EL brauner Zucker
1 EL Tomatenmark
Salz, frisch gemahlener Pfeffer
1 1/2 EL karamelisierter Zucker
4 EL Sojasauce
240 ml Fischfond
3 TL Stärkemehl
2 TL Walnußöl

1. Das Lachsfilet in heißem Öl 5 Minuten fritieren. Frühlingszwiebeln in 3 Zentimeter lange Stücke schneiden.

2. Den Wok erhitzen und zweimal mit Öl ausschwenken. In 6 Eßlöffeln heißem Öl den Knoblauch kurz anbraten.

3. Dann Reiswein, Zucker, Tomatenmark, Pfeffer, Salz, karamelisierten Zucker, Sojasauce und den fritierten Fisch hineingeben und mit dem Fischfond 3 Minuten lang auf starker Flamme 10 bis 15 Minuten auf kleiner Flamme schmoren lassen.

4. Die Sauce mit dem Stärkemehl andicken. Die Frühlingszwiebeln unterheben und das Ganze mit Walnußöl beträufeln.

Gebackenes Fischfilet

- Zubereitungszeit: ca. 1½ Std.
- ca. 290 kcal je Portion
- Dazu paßt chinesisch gekochter Reis *(Rezept S. 52)*

20 g chinesische Pilze
400 g Seelachsfilet
Salz
½ TL frischer, feingeriebener Ingwer
1 Eiweiß
Stärkemehl zum Bestäuben
Öl zum Ausbacken

Für die Sauce:
3 EL Erdnußöl
1 zerriebene Knoblauchzehe
2–3 Frühlingszwiebeln
75 ml Geflügelbrühe
75 ml Weißwein
50 g Bambussprossen
½ EL Zucker, ½ TL Glutamat
Salz, frisch gemahlener Pfeffer
1 EL Stärkemehl

1. Die chinesischen Pilze in heißem Wasser einweichen. Die Seelachsfilets in Würfel schneiden. Mit Salz und Ingwer einreiben, in dem leicht verschlagenen Eiweiß wenden, durch ein Teesieb mit Stärkemehl bestäuben. Das Öl zum Ausbacken erhitzen.

2. In der Zwischenzeit die Knoblauchzehe in Erdnußöl anbraten, die Frühlingszwiebeln kleinschneiden, dazugeben und glasig schwitzen. Die Bambussprossen und die Pilze hinzufügen.

3. Mit Geflügelbrühe und Weißwein auffüllen, mit Zucker, Glutamat, Salz und Pfeffer abschmecken, mit Stärkemehl binden.

4. Die Fischstücke im schwimmenden Öl kroß ausbacken, mit der Sauce überziehen.

Scampi mit Austernsauce

- Zubereitungszeit: ca. 3/4 Std.
- ca. 420 kcal je Portion
- Dazu paßt Wildreis

500 g gekochte Scampi
2 EL Erdnußöl
1 Knoblauchzehe
1 Msp. Ingwerpulver
4 Frühlingszwiebeln
1 kleiner Kopf Chinakohl
300 ml Geflügelbrühe
3 EL Austernsauce
75 ml Sherry
Salz, frisch gemahlener Szetschuan-pfeffer
Zucker
Glutamat
1–2 EL Stärkemehl
2 EL gehackter Schnittlauch

1. Die Scampi auslösen. Das Erdnußöl in einer Pfanne erhitzen, die Scampi anbraten.

2. Die Knoblauchzehe fein hacken, mit dem Ingwer dazugeben. Die Frühlingszwiebeln kleinschneiden und kurz mitschwitzen.

3. Den Chinakohl in mundgerechte Stücke schneiden, zu den Scampi geben und kurz mitschwitzen.

4. Geflügelbrühe, Austernsauce und Sherry angießen. Mit Salz, Pfeffer, Zucker und Glutamat abschmecken und mit Stärkemehl binden. Mit dem Schnittlauch bestreuen.
(auf dem Foto oben)

Gebackene Riesengarnelen

- Zubereitungszeit: ca. 1 Std.
- ca. 480 kcal je Portion
- Dazu paßt Baguette

350 g frische Riesengarnelen

Für die Marinade:
2 Knoblauchzehen
1 TL Salz
2 EL Honig
150 ml Orangensaft
1/2 TL frisch geriebener Ingwer
2 EL Sojasauce
1 Ei
1/2 TL Salz
50 g Mehl
1 Msp. Backpulver
1/2 EL Öl
2–3 EL Wasser
Öl zum Ausbacken

1. Die Riesengarnelen so schälen, daß das Schwanzende am Fleisch bleibt.

2. Die Knoblauchzehen mit Salz zerreiben, mit Honig, Orangensaft, Ingwer und Sojasauce verrühren und die Garnelen darin mindestens 2 Stunden ziehen lassen.

3. Das Ei in einer Schüssel verschlagen, salzen und mit Mehl, Backpulver, Öl und Wasser zu einem Teig verarbeiten.

4. Das Öl erhitzen, die Garnelen durch den Teig ziehen und in 4–5 Minuten goldgelb ausbacken.

Tip:
Knoblauch ist ein fester Bestandteil der chinesischen Küche. Besonders für die Aromatisierung von Öl und Fetten ist er sehr beliebt.
(auf dem Foto unten)

BRAUCHT ZEIT · FEIN

GEMÜSE UND BEILAGEN

Als Beilage paßt zu allen chinesischen Gerichten Reis. Nudeln erfreuen sich in einigen Regionen ebenso großer Beliebtheit. Auch Dampfbrot sollten Sie unbedingt einmal probieren.
Neben fast allen uns bekannten Gemüsesorten spielen die Bohnensprossen in China eine wichtige Rolle. Sojabohnensprossen werden frisch oder im Glas angeboten. Sie können Sprossen aus Hülsenfrüchten auch leicht selbst ziehen.

Gemüsezehnerlei

- Zubereitungszeit: ca. 3/4 Std.
- ca. 230 kcal je Portion
- Dazu paßt Gefüllte Melone als Nachtisch *(Rezept S. 56)*

4–6 getrocknete Wolkenohrpilze
2 EL Lilienknospen
50 g Glasnudeln
5–6 Frühlingszwiebeln
1 rote Paprikaschote
50 g Zuckererbsen
50 g Sojabohnenkeimlinge
50 g Bambussprossen
2 Scheiben Ananas aus der Dose
2 Ingwernüsse in Sirup
3–4 EL Erdnußöl
150 ml Gemüsebrühe

2 EL Sojasauce
1–2 EL Hoisinsauce
1 Schuß Reiswein, etwas Essig
1 TL Fünf-Gewürz-Pulver
Salz, frisch gemahlener Szetschuanpfeffer

1. Die Pilze, die Lilienknospen und die Glasnudeln mit je 300 ml heißem Wasser übergießen und etwa eine 3/4 Stunde quellen lassen.

2. Die Frühlingszwiebeln und die Paprikaschote in Streifen schneiden.

3. Die Zuckererbsen, die Sojabohnenkeimlinge und die Bambussprossen in feine Streifen schneiden. Die Ananas und die Ingwernüsse in feine Würfel schneiden. Die Wolkenohrpilze und die Lilienknospen gut abtropfen lassen und sorgfältig putzen und kleinschneiden. Die Glasnudeln abtropfen lassen.

4. Das Erdnußöl erhitzen. Die Wolkenohrpilze und die Lilienknospen scharf anbraten.

5. Das Gemüse dazugeben und unter ständigem Rühren braten.

6. Mit der Brühe ablöschen. Sojasauce, Hoisinsauce, einen Schuß Reiswein, etwas Essig und das Fünf-Gewürz-Pulver darunterrühren.

7. Die Ananas- und die Ingwerwürfel sowie die Glasnudeln unter das Gemüse ziehen und alles nochmals erhitzen, mit Salz und Szetschuanpfeffer abschmecken.

BRAUCHT ZEIT
SÜSS-SAUER

Süß-saurer Chinakohl

- Zubereitungszeit: ca. 1/4 Std.
- ca. 236 kcal je Portion
- Dazu paßt Buttertoast

1/2 kleiner Kopf Chinakohl
1 getrocknete rote Pfefferschote
1 EL dünn geschnittener frischer Ingwer
1/4 EL Szetschuanpfeffer
1 EL Sesamöl

Für die Marinade:
40 ml Essig, 4 EL Zucker
1 EL Sojasauce
1/2 TL Salz, 1 Prise Glutamat

1. Den Kohl in Stücke von 5 bis 6 cm Länge zerteilen. Die weißen Teile ums Kohlherz sollten in 1–2 cm lange Stücke geschnitten werden. Die Pfefferschote halbieren, entkernen, mit dem Kohl und dem Ingwer mischen.

2. Die Marinade aus Essig, Zucker und Gewürzen darübergießen. Den Pfeffer trocken im Mörser zerstoßen, rasch in Sesamöl erhitzen und dazugeben. 2 Stunden stehenlassen und mehrmals umrühren.

Chinakohlsalat mit Ananas

- Zubereitungszeit: ca. 1/2 Std.
- ca. 240 kcal je Portion
- Dazu paßt ein Vollkornbrötchen

200 g Chinakohl
1/2 kleine Ananas
75 g Mungobohnensprossen
150 g Joghurt
Saft von 1 Limette
1 EL Sojasauce
2 EL Sesamöl
1 Msp. Ingwerpulver
1 Msp. Salz
1 zerdrückte Knoblauchzehe
3 EL grobgehackte Walnüsse

1. Den Chinakohl in dünne Streifen schneiden. Das Fruchtfleisch der Ananas würfeln. Zusammen mit den Mungobohnensprossen zu den Chinakohlstreifen geben.

2. Aus Joghurt, Limettensaft, Sojasauce, Sesamöl, Ingwer, Salz und Knoblauch eine Salatsauce rühren und über den Chinakohl geben. Mit den Walnüssen bestreuen.

Currygemüse

- Zubereitungszeit: ca. 3/4 Std.
- ca. 310 kcal je Portion
- Dazu paßt Dinkelbrot

1 EL Öl
1/2 gehackte Zwiebel
3 gehackte Knoblauchzehen
1 EL Curry
1 TL Koriander
1 TL Kümmel
75 ml Wasser
1 EL grüner Pfeffer
4 EL streifig geschnittener Kohl
4 EL grüne Bohnen
4 EL gewürfelte Salatgurke
100 g Glasnudeln
2 Blätter Salam (Lorbeer)
300 ml Gemüsebrühe

1. Die Glasnudeln 20 Minuten in kaltem Wasser einweichen. Zwiebeln und Knoblauch 2 Minuten in Öl braten.

2. Die übrigen Zutaten außer der Brühe hinzufügen. Bei geringer Hitze 10 Minuten dämpfen. Brühe dazugeben und weitere 10 Minuten kochen lassen, bis das Gemüse zart ist.

Gedünstete Pilze

- Zubereitungszeit: ca. 1/4 Std.
- ca. 140 kcal je Portion
- Dazu passen gekochte Nudeln

500 g kleingeschnittene chinesische Pilze
2 EL Öl, Salz
1 gehackte Zwiebel
2 TL Sojasauce
1 1/2 EL Reiswein
2 TL Zucker
2 TL Stärkemehl

Die Zwiebel mit etwas Salz 2 Minuten in Öl braten. Pilze, Sojasauce, Reiswein und Zucker dazugeben. Bei geringer Hitze 5 Minuten dünsten. Die in Wasser angerührte Stärke beifügen und noch 3 Minuten dünsten.

Tip:
Pilze werden in der chinesischen Küche vor allem getrocknet verwendet. Vor dem Zubereiten müssen Sie diese deshalb in heißem Wasser einweichen. Vorsicht, schon wenige Gramm reichen als Beilage für mehrere Personen!

Blumenkohlpfanne mit Bambus

- Zubereitungszeit: ca. 3/4 Std.
- ca. 130 kcal je Portion
- Dazu paßt Kartoffelbrei

1/2 Zwiebel
etwa 375 g Blumenkohl
etwa 200 g Bambussprossen
1 Stück Ingwerwurzel
1 EL Butter
1 TL Kurkuma
1/2 TL Piment
1 Msp. Koriander
Curry, Salz
evtl. 2 EL selbstgezogenes Bockshornkleegrün

1. Die Zwiebel in feine Würfel schneiden. Den Blumenkohl in kleine Röschen teilen. Den Bambus in Würfel schneiden. Die Ingwerwurzel kleinschneiden.

2. Die Butter in einem Wok zerlassen. Die Zwiebel und die Ingwerwurzel dazugeben, mit Kurkuma, Piment und Koriander bestäuben und alles andünsten.

3. Den Blumenkohl und die Bambussprossen unter ständigem Rühren 3 bis 5 Minuten mitdünsten. Mit etwas Wasser ablöschen und zugedeckt in 25 Minuten fertig garen.

4. Das Gericht mit Curry und Salz abschmecken. Mit Bockshornkleegrün umlegen.

Gemüsepfanne mit Mango

- Zubereitungszeit: ca. 1/4 Std.
- ca. 340 kcal je Portion
- Dazu paßt Fladenbrot

125 g Mango
Sojasauce, 40 g Butter
etwa 150 g Chinakohl
100 g Lauch
75 g Staudensellerie
50 g Möhren, 1 Knoblauchzehe
75 ml Gemüsebrühe
100 g Sojabohnensprossen
1/2 TL gemahlener Ingwer
1 Prise Piment
1 TL Curry, Salz
1 EL Sesamöl, etwas Sojasauce
evtl. 1 EL Kürbiskerne

1. Die Mango in Würfel schneiden, mit Sojasauce beträufeln und etwa 2 Stunden ziehen lassen. Anschließend in 40 g Butter unter Wenden anbraten und beiseite stellen.

2. Den Chinakohl in feine Streifen, den Lauch in dünne Ringe, den Staudensellerie in kleine Stücke, die Möhren in kleine Würfel und den Knoblauch fein schneiden.

3. Die restliche Butter im Wok zerlassen. Den Knoblauch darin andünsten und das Gemüse nach und nach unter ständigem Rühren dazugeben. Alles gut mischen, etwa 3 Minuten unter ständigem Rühren braten. Die Gemüsebrühe hinzufügen, noch 3 bis 5 Minuten weiterdünsten.

4. Die Sojabohnensprossen daruntermischen, mit Gewürzen, Sesamöl und Sojasauce abschmecken. Nach Geschmack mit Kürbiskernen bestreuen.

Gemüse mit Tofu

- Zubereitungszeit: ca. 1/2 Std.
- ca. 400 kcal je Portion
- Dazu passen Petersilienkartoffeln

100 g Tofu
80 g Chinakohl
je 60 g grüne und rote Paprikaschote
80 g Bambussprossen
2 Knoblauchzehen
Öl zum Ausschwenken und Braten
250 g eingeweichte chinesische Pilze
2 EL Zucker
2 TL Salz
1/2 TL weißer Pfeffer
240 ml Hühnerbrühe oder Wasser
1 Prise Glutamat
3 TL Kartoffelstärke, mit 6 EL Wasser verrührt
2 EL Sesamöl
80 g Sojabohnenkeimlinge

1. Den Tofu in 2 Zentimeter große Würfel schneiden. Das Gemüse in 2 Zentimeter große Würfel schneiden. Die Knoblauchzehen fein hacken.

2. Den Wok erhitzen, zweimal mit Öl ausschwenken. In 10 Eßlöffeln heißem Öl bei großer Flamme den Knoblauch 15 Sekunden anbraten. Dann das Gemüse dazugeben und unter Rühren 4 Minuten mitbraten. Die Pilze dazugeben.

3. Zucker, Salz, Pfeffer, Hühnerbrühe und Glutamat dazugeben und aufkochen lassen. Die Kartoffelstärke und die Sojabohnenkeimlinge dazugeben und kurz garen, umrühren und mit Sesamöl verfeinern.
(auf dem Foto oben)

Gebratenes Gemüse

- Zubereitungszeit: ca. 1/2 Std.
- ca. 120 kcal je Portion
- Dazu paßt Mandelreis *(Rezept S. 55)*

200 g Sojabohnenkeimlinge
100 g Frühlingszwiebel
150 g Karotten
2 Knoblauchzehen
Öl zum Ausschwenken und Braten
frisch gemahlener weißer Pfeffer
1/2 EL Zucker
Salz
1 Prise Glutamat
75 ml Gemüsebrühe
1 TL Kartoffelstärke, mit 3 EL Wasser verrührt
2 EL Sojasauce

1. Die Frühlingszwiebel und die Karotten in feine Streifen schneiden. Den Knoblauch fein hacken.

2. Eine Pfanne oder einen Wok erhitzen, zweimal mit Öl ausschwenken. 6 Eßlöffel Öl heiß werden lassen und den Knoblauch 30 Sekunden anbraten.

3. Die Sojabohnenkeimlinge mit den Frühlingszwiebeln und den Möhrenstreifen dazugeben, 3 Minuten unter Rühren braten und mit Pfeffer, Zucker, Salz und Glutamat würzen. Die Gemüsebrühe und die Sojasauce darunterrühren, kurz aufkochen lassen und mit der Kartoffelstärke binden.
(auf dem Foto unten)

SCHNELL · KNACKIG

Geschmortes Gemüseallerlei

- Zubereitungszeit: ca. 1/2 Std.
- ca. 160 kcal je Portion
- Dazu paßt Dampfbrot *(Rezept S. 52)*

2 EL Erdnußöl
1 Knoblauchzehe
1/2 TL Salz
1/2 TL frisch geriebener Ingwer
1/2 Zwiebel
1/2 kleiner Staudensellerie
je 1/2 rote und grüne Paprikaschote
50 g Sojabohnenkeimlinge
50 g grüne Erbsen (TK-Ware)
1 EL Sojasauce
1 EL Hoisinsauce
Saft von 1/2 Zitrone
75 ml Geflügelbrühe
50 g Chinakohl
Salz, frisch gemahlener Pfeffer
1/2 TL Glutamat

1. Das Erdnußöl in einer großen Pfanne erhitzen. Die Knoblauchzehe mit Salz zerreiben, mit dem Ingwer im Öl kurz anbraten.

2. Die Zwiebel, den Staudensellerie und die Paprikaschoten in dünne Streifen schneiden, dazugeben und glasig schwitzen. Die Sojabohnenkeimlinge und die Erbsen hinzufügen und kurz mitschwitzen.

3. Mit Sojasauce, Hoisinsauce, Zitronensaft und Brühe mischen, einmal aufkochen lassen.

4. Den Chinakohl in dünne Streifen schneiden, unter das Gemüse geben, mit Salz, Pfeffer und Glutamat abschmecken.

Rotgeschmorter Chinakohl

- Zubereitungszeit: ca. 1/2 Std.
- Quellzeit: ca. 2 1/2 Std.
- ca. 220 kcal je Portion
- Dazu passen Glasnudeln

3–4 Tongupilze
1/2 getrocknete Chilischote
250 g Chinakohl
2 Frühlingszwiebeln
1–2 EL Erdnußöl
2–3 EL Sojasauce
1/2 EL Hoisinsauce
2–3 EL Reiswein
75 ml Gemüsebrühe
1/2 TL Zucker
Salz, frisch gemahlener Pfeffer
1 EL gehackte Petersilie

1. Die Pilze und die Chilischote in heißem Wasser 2 1/2 Stunden quellen lassen.

2. Den Chinakohl in 3 Zentimeter große Quadrate, die Frühlingszwiebeln in 2 bis 3 Zentimeter lange Stücke schneiden, im Erdnußöl anbraten.

3. Die Tongupilze kleinschneiden und die Chilischote halbieren, entkernen, die Schote fein hacken und beides kurz mitbraten.

4. Die Saucen, Reiswein und Brühe angießen, zum Kochen bringen, 4 bis 5 Minuten schmoren lassen, abschmecken und mit der Petersilie bestreuen.

Dampfbrot

- Zubereitungszeit: ca. 1 Std.
- Quellzeit: ca. 3 Std.
- ca. 360 kcal je Portion
- Dazu paßt sauer-scharfe Gemüsesuppe *(Rezept S. 13)*

1/4 Würfel Hefe (ca. 10 g)
140 ml lauwarmes Wasser
175 g Weizenmehl
1/2 TL weißer Essig (5%)
1 EL Schweineschmalz

1. Die Hefe mit 75 ml lauwarmem Wasser verrühren, mit dem Weizenmehl und dem restlichen Wasser gut verkneten. Den Teig etwa 3 Stunden gehen lassen. Noch einmal durchkneten und eine weitere halbe Stunde gehen lassen.

2. Den Hefeteig mit Essig und Schmalz sorgfältig durchkneten, in ein feuchtes Leinentuch wickeln und 10 Minuten ruhen lassen.

3. Ca. 40 g Brote formen und 10 Minuten unter einem Tuch ruhen lassen. In einen Dampfkochkorb, dessen Boden mit einem nassen Tuch ausgelegt wurde, setzen, dabei 4 Zentimeter Abstand zwischen den Teigstücken halten, 25 bis 35 Minuten dämpfen.
(auf dem Foto oben)

Chinesisch gekochter Reis

- Zubereitungszeit: ca. 1/2 Std.
- ca. 170 kcal je Portion
- Paßt zu Fleisch, Fisch und Gemüse

100 g weißer Langkornreis
350 ml kaltes Wasser
1 Prise Salz

1. Den Reis in einen großen Topf geben und mit kaltem Wasser bedecken, kräftig umrühren, das Wasser abgießen. 350 ml kaltes Wasser dazugeben und bei hoher Temperatur aufkochen lassen.

2. Den Reis etwa 2 Minuten kochen lassen, bis kraterförmige Löcher auf der Oberfläche des Reises erscheinen. Den Topf verschließen und den Reis bei niedriger Temperatur etwa 20 Minuten kochen lassen. Dann abschalten, aber den Deckel nicht vom Topf nehmen.

3. Den gekochten Reis ungefähr 10 Minuten ruhen lassen. Dann den Deckel abnehmen, den Reis mit einer großen Gabel lockern und salzen.
(auf dem Foto unten)

BRAUCHT ZEIT · MILD

SCHNELL · MILD

Gedämpfter Schinkenreis

- Zubereitungszeit: ca. 1 1/4 Std.
- ca. 350 kcal je Portion
- Dazu paßt gemischter Salat

100 g Reis
1 EL Salz
50 g roher Schinken
3–4 Frühlingszwiebeln
1/2 rote Paprikaschote
2 EL Erdnußöl
50 g grüne Erbsen (TK-Ware)
1 EL gehackter Schnittlauch
2 EL Austernsauce

1. Den Reis zuerst in Salzwasser 5 Minuten kochen und anschließend abgießen. In der Zwischenzeit den Schinken würfeln.

2. Die Frühlingszwiebeln und die Paprikaschote in kleine Würfel schneiden. Das Erdnußöl in einer Pfanne erhitzen und den Schinken und das Gemüse darin kurz anschwitzen.

3. Das Gemüse, die Erbsen und den Reis miteinander vermischen und in feuerfeste Förmchen (∅ 6 cm) geben.

4. Mit so viel leicht gesalzenem heißem Wasser angießen, daß der Reis knapp bedeckt ist. Vorsicht, die Reismenge verdoppelt sich!

5. Die Schälchen in einen Topf stellen und etwa 1 Stunde darin garen.

6. Mit dem Schnittlauch bestreuen, mit je 1 Eßlöffel Austernsauce überziehen.

Gebackener Mandelreis

- Zubereitungszeit: ca. 1/4 Std.
- ca. 850 kcal je Portion
- Paßt zu Geflügel

2 EL Öl
1 feingehackte Schalotte
1 gehackte Knoblauchzehe
1 mit der Gabel durchgerührtes Ei
50 g gehackte Champignons
300 g bereits körnig gekochter Reis (= 110 g roher Reis)
75 g gehackte Mandeln
1 EL helle Sojasauce

1. Die Schalotten und den Knoblauch 15 Sekunden in 2 EL Öl anbraten, herausnehmen.

2. Die Eimasse hineingeben und während des Bratens vorsichtig wenden, herausnehmen und warm stellen. Die Champignons in 1 EL Öl unter häufigem Wenden garen. Reis und Mandeln dann erhitzen. Die Schalotten, die Eimasse und die Sojasauce hinzugeben, noch 1 Minute gut durchkochen lassen.

SÜSSSPEISEN

Eine Menüfolge wie die unsere kennen die Chinesen nicht. Die verschiedenartigen Gerichte kommen gleichzeitig auf den Tisch, und man ißt süße Speisen zwischendurch – um einen Kontrast zu haben oder um den Gaumen nach besonders scharfen Speisen zu neutralisieren.

Gefüllte Melone

- Zubereitungszeit: ca. 1/2 Std.
- ca. 180 kcal je Portion
- Dazu passen Bozener Nüßchen

1 kleine Melone
1 EL Zucker
2 EL Reiswein oder Sherry
200 g bunte Früchte (Kiwi, Pfirsich, Birne, Lychees aus der Dose)
einige kandierte Früchte (oder Ingwer)

1. Die Melone mit einem silbernen Löffel aushöhlen, das Melonenfleisch leicht zuckern und mit dem Reiswein oder Sherry beträufeln.

2. Zu dem Melonenfleisch die Früchte (evtl. auch chinesische Lychees) mischen und einige kandierte Früchte oder Ingwer hinzufügen. In die Melonen füllen und vor dem Servieren 2 Stunden im Kühlschrank kalt stellen.

Nußküchlein

- Zubereitungszeit: ca. 1 Std.
- ca. 1220 kcal je Portion
- Dazu paßt Vanillesauce

50 g Butter oder Margarine
50 g Zucker
2 Eigelb
125 g geriebene Nüsse
2 in Sirup eingelegte Ingwernüsse
1/2 EL geriebene Orangenschale
1/2 TL geriebene Zitronenschale
1 Päckchen Vanillezucker
100 g feingeriebener Zwieback
2 cl Orangenlikör
2 Eiweiß
Fett zum Ausfetten

1. Die Butter und den Zucker in einer Schüssel schaumig schlagen. Die Eigelbe, die Nüsse, die sehr fein gehackten Ingwernüsse, die Orangenschale und die Zitronenschale daruntermischen.

2. Den Vanillezucker mit dem geriebenen Zwieback vermischen, in einer Pfanne leicht rösten und anschließend unter die Nußmasse rühren.

3. Mit dem Orangenlikör aromatisieren. Die Eiweiße sehr steif schlagen und vorsichtig unter die Masse heben.

4. Auflaufförmchen ausfetten, die Masse einfüllen, mit Alufolie abdecken. Im Wasserbad je nach Größe der Förmchen etwa 20 bis 30 Minuten kochen.

Tip:
Gut paßt zu dem fein nussigen Geschmack der trockenen Nußküchlein auch ein Klecks Bayerische Creme, vielleicht mit einem Schuß Likör aromatisiert, oder ein Löffel frisches Obstpüree je nach Saison.

BRAUCHT ZEIT
NUSSIG

Dattelbällchen

- Zubereitungszeit: ca. 1/2 Std.
- ca. 470 kcal je Portion
- Dazu paßt ein Glas Sherry

300 g Hefeteig (TK-Ware)

Für die Füllung:
1 EL Butter oder Margarine
50 g entsteinte Datteln
50 g gehackte Mandeln
2 Ingwernüsse
2 EL Sherry
1 EL Honig
1/2 TL Zimt
1 Msp. Kardamom
1 Msp. Nelkenpulver
Fett zum Ausbacken
1/2 EL Zimt
2 EL Zucker

1. Den Hefeteig auftauen lassen.

2. Für die Füllung die Butter in einer Pfanne auslassen. Die Datteln kleinschneiden, kurz darin anschwitzen. Die Mandeln und die Ingwernüsse fein schneiden, kurz mitschwitzen. Mit Sherry aromatisieren, mit Honig, Zimt, Kardamom und Nelkenpulver würzen.

3. Den Hefeteig zu Bällchen formen und diese mit der Dattelmasse füllen. In schwimmendem Fett etwa 12 Minuten ausbacken. Mit Zimt und Zucker bestreuen.
(auf dem Foto oben)

Süße Fruchtbällchen

- Zubereitungszeit: ca. 1 Std.
- ca. 660 kcal je Portion
- Dazu paßt ein Glas Prosecco

250 g Mehl
1/8 l lauwarme Milch
40 g Zucker
1/2 Päckchen Trockenhefe
3 EL zerlassene Butter
1 Ei
geriebene Schale 1/4 unbehandelten Zitrone
Salz
50 g gehackte Walnüsse

Für die Füllung:
je 3 EL gewürfelte kandierte Orangen, Kirschen, Datteln
einige Tropfen Reiswein
1 Msp. Ingwerpulver
leicht gezuckertes Wasser

1. Das Mehl in eine Schüssel sieben, mit den restlichen Zutaten zu einem geschmeidigen Teig kneten und 1/2 Stunde gehen lassen. Den Teig nochmals kräftig durchschlagen und erneut zugedeckt 1/2 Stunde gehen lassen. Dann auf einer bemehlten Arbeitsfläche kräftig durchkneten.

2. Für die Füllung die kandierten und gewürfelten Früchte mischen, mit Reiswein und Ingwer aromatisieren.

3. Den Teig auf bemehlter Fläche 1/2 cm dick ausrollen, Kreise ausstechen, etwas Füllung daraufgeben und Bällchen formen. Die Bällchen in einen Dampfkorb setzen und nochmals gehen lassen.

4. Leicht gesüßtes Wasser im Wok erhitzen, den Dampfkorb daraufsetzen und die Bällchen über dem Dampf 20 bis 30 Minuten garen.
(auf dem Foto unten)

SCHNELL · **KERNIG**

BRAUCHT ZEIT · **VOLLMUNDIG**

Glückskuchen

- Für 6 Stück
- Zubereitungszeit: ca. 1 1/4 Std.
- ca. 140 kcal je Portion
- Dazu paßt eine Tasse Cappuccino

125 g Mehl
1/4 TL gemahlener Anis
1/2 Msp. Kardamom
1/2 Msp. Nelkenpulver
1/2 Msp. Salz
40 g brauner Zucker
2 kleine Eier
1 EL Öl
Briefchen mit Sinnsprüchen
Fett zum Ausbacken

1. Das Mehl auf eine Arbeitsfläche sieben, mit den Zutaten von außen nach innen mit bemehlten Händen zu einem kompakten Teig verkneten.

2. Den Teig auf einer bemehlten Arbeitsfläche dünn ausrollen und Quadrate ausschneiden. Jedes Quadrat mit einem Briefchen belegen und die Ecken in der Mitte übereinanderschlagen. Die Teigmenge reicht für 6 Stück.

3. Die Glückskuchen 20 Minuten goldgelb ausbacken, gut abtropfen lassen.

Tip:
Ein originelles Dessert für ein besonderes Abendessen: Jeder Gast erhält einen Glückskuchen mit einem Briefchen mit Sinnspruch oder einer eingebackenen Glücksfigur.

Süßes Bananen-Allerlei

- Zubereitungszeit: ca. 1/4 Std.
- ca. 370 kcal je Portion
- Dazu paßt Vanille-Eis

2 Bananen (250 g)
2 EL Öl
1/2 TL Ingwerpulver, 1/2 TL Zimt
1 Prise Kardamom
50 ml Orangenlikör
50 g Rosinen
50 g Maraschinokirschen

Die Bananen schälen, vierteln, in heißem Öl 5 Minuten kroß braten und mit dem Ingwerpulver, dem Zimt und dem Kardamom bestreuen. Die Rosinen in Orangenlikör einweichen, die Maraschinokirschen kleinschneiden, die Bananen damit umlegen. Kühl servieren.

Leicht gebratener Fruchtsalat

- Zubereitungszeit: ca. 1 1/4 Std.
- ca. 480 kcal je Portion
- Dazu paßt Krokanteis

1 Banane
1/2 Papaya
1/2 kleine Honigmelone
1/2 kleine Ananas
3 EL Lychees

Zum Braten:
2 in Sirup eingelegte Ingwernüsse
1 EL Erdnußöl
1/2 Tasse Honig

Für die Sauce:
75 ml Weißwein
2 EL Orangenlikör
1 Päckchen Vanillezucker

1. Die Banane schälen und in 2 cm dicke Scheiben schneiden. Die Papaya und die Melone halbieren, in Schnitze schneiden. Die Ananas halbieren, in dünne Schnitze schneiden. Die Lychees gut abtropfen lassen. Die Ingwernüsse fein hacken.

2. Das Öl, den Honig und die Ingwernüsse in einer Pfanne so lange erhitzen, bis sich ein leichter Karamel bildet. Die Früchte hineingeben und kurz darin schwenken.

3. Vom Feuer nehmen und mit dem Weißwein, dem Orangenlikör und dem Vanillezucker verfeinern. Erkalten lassen, die Früchte mit dem Saft überziehen.
(auf dem Foto oben)

Reiscreme mit Fruchtsauce

- Zubereitungszeit: ca. 1 Std.
- ca. 590 kcal je Portion
- Dazu paßt ein Gläschen Amaretto

1/4 l Milch
Salz, 2 EL Zucker
1/2 Päckchen Vanillezucker
50 g Milchreis
2 in Sirup eingelegte Ingwernüsse
50 g geriebene Walnüsse
75 mg Crème fraîche

Für die Sauce:
1 EL Zucker
1 EL Erdnußöl, 2 cl Reiswein
50 g Mandarinenfilets aus der Dose
50 g Lychees aus der Dose

1. Die Milch in einem Topf mit dem Salz, dem Zucker und dem Vanillezucker erhitzen. Den Milchreis dazugeben und bei sehr niedriger Temperatur 1 Stunde ausquellen lassen.

2. Die Ingwernüsse fein hacken, die Walnüsse reiben, mit der Crème fraîche unterrühren und weitere 10 Minuten köcheln lassen. In dekorative Gläser füllen, erkalten lassen.

3. Für die Sauce den Zucker in Öl leicht karamelisieren lassen. Mit Sherry und Mandarinensaft vorsichtig den Zucker ablöschen. Die Früchte dazugeben und kurz erhitzen. Über die Reiscreme geben.

Tip:
Frische Früchte sind der Dosenware immer vorzuziehen, denn frische Lychees sind ein Gedicht. Dabei wird die Außenschale entfernt und das weiße Fruchtfleisch vom Kern gelöst. Mandarinenfilets schneidet man mit einem scharfen Messer aus der geschälten Mandarine.
(auf dem Foto unten)

BRAUCHT ZEIT · **AROMATISCH**

BRAUCHT ZEIT · **SÄMIG**

Rezeptverzeichnis

Dieses Buch gehört zu einer Kochbuchreihe, die die beliebtesten Themen aus dem Bereich Essen und Trinken aufgreift. Fragen Sie Ihren Buchhändler.

ISBN 3 8068 1289 6

Titelbild: TLC-Foto-Studio GmbH, Velen-Ramsdorf (Rezept »Schweinefilet mit Gemüse«, Seite 20),
alle anderen Fotos: FALKEN Archiv
Produktion: VerlagsService Dr. Helmut Neuberger & Karl Schaumann GmbH, Heimstetten
Satz: Fotosatz Völkl, Puchheim
Druck: Interdruck GmbH, Leipzig

817 2635 4453 62